Ein Nachmittag mit TAPSI

Bilder: Pamela Storey
Englischer Originaltext: June Woodman
Deutsche Fassung: Edith Jentner

Pestalozzi-Verlag, D 8520 Erlangen

Tapsi langweilt sich

Tapsi Bär sitzt im Garten auf einer Bank. „Uah!" gähnt er, denn er langweilt sich. Dann brummt er: „Ich will zu Puschel gehen."
Gesagt – getan.
Schon von weitem ruft ihm Puschel zu: „Nun, was sagst du? Gehen wir hin?"
„Wohin denn?" ruft Tapsi zurück.
„In den Zirkus, natürlich!"
Tapsi macht große Augen.
Da sagt Puschel: „Komm, steig ein! Wir fahren zu Schlappohr."
Unterwegs sehen sie die Zirkuszelte. „Oh, da wird was los sein!" freut sich Tapsi.
„Das meine ich auch", sagt Puschel.

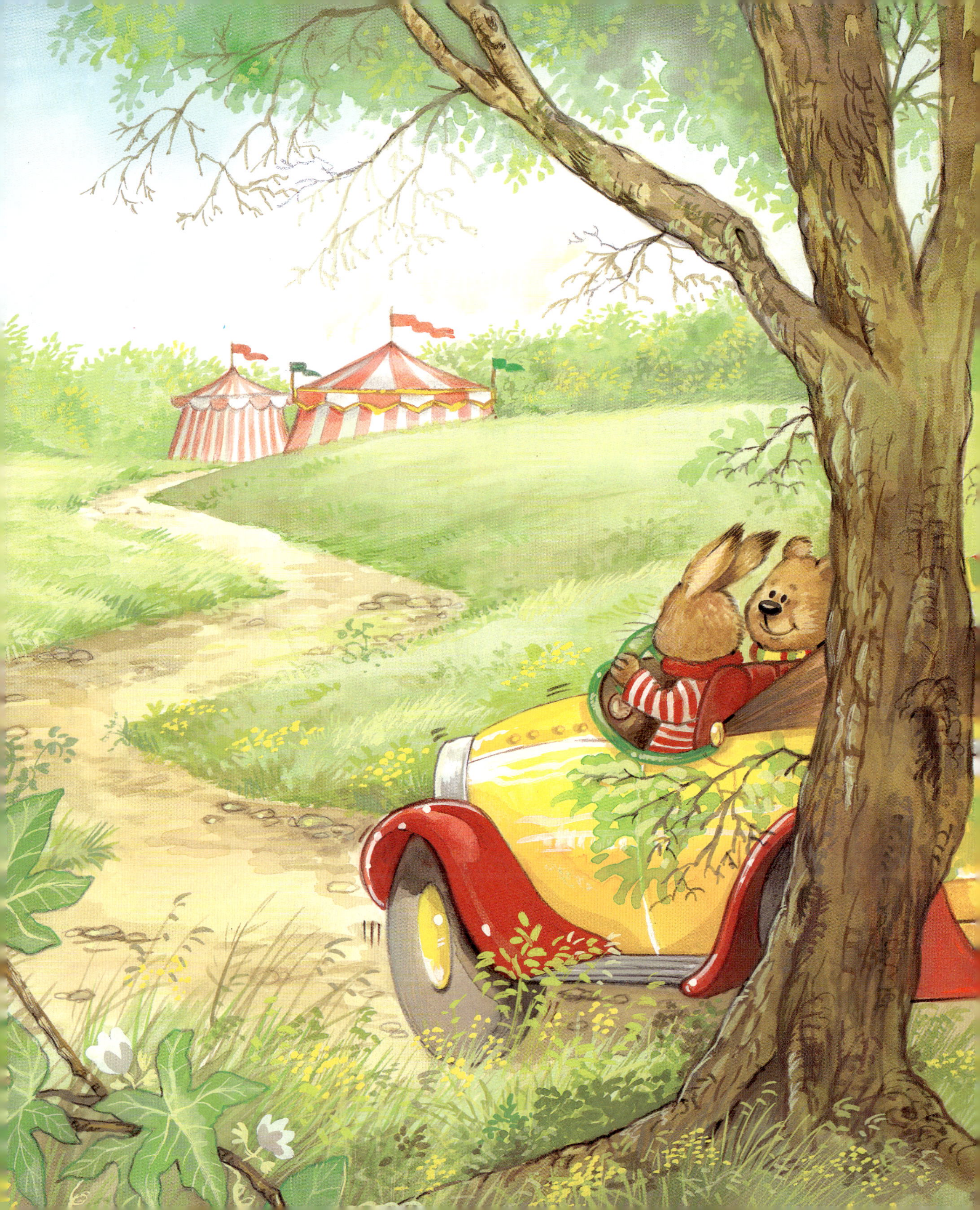

Als sie bei Schlappohr ankommen, streicht er gerade den Gartenzaun. Er pfeift dabei.
„Der Zirkus ist gekommen!" ruft ihm Tapsi zu.
Schlappohr läßt fast den Farbtopf fallen. „Ist das wirklich wahr?" fragt er. Vielleicht wollen ihn seine Freunde bloß hereinlegen!
„Los, steig schon ein!" drängt Tapsi. „Oder willst du gar nicht in den Zirkus?"
Schlappohr schaut fragend von einem zum anderen. „Au, wenn ihr mich hereinlegt...", droht er. Dann steigt er ein.

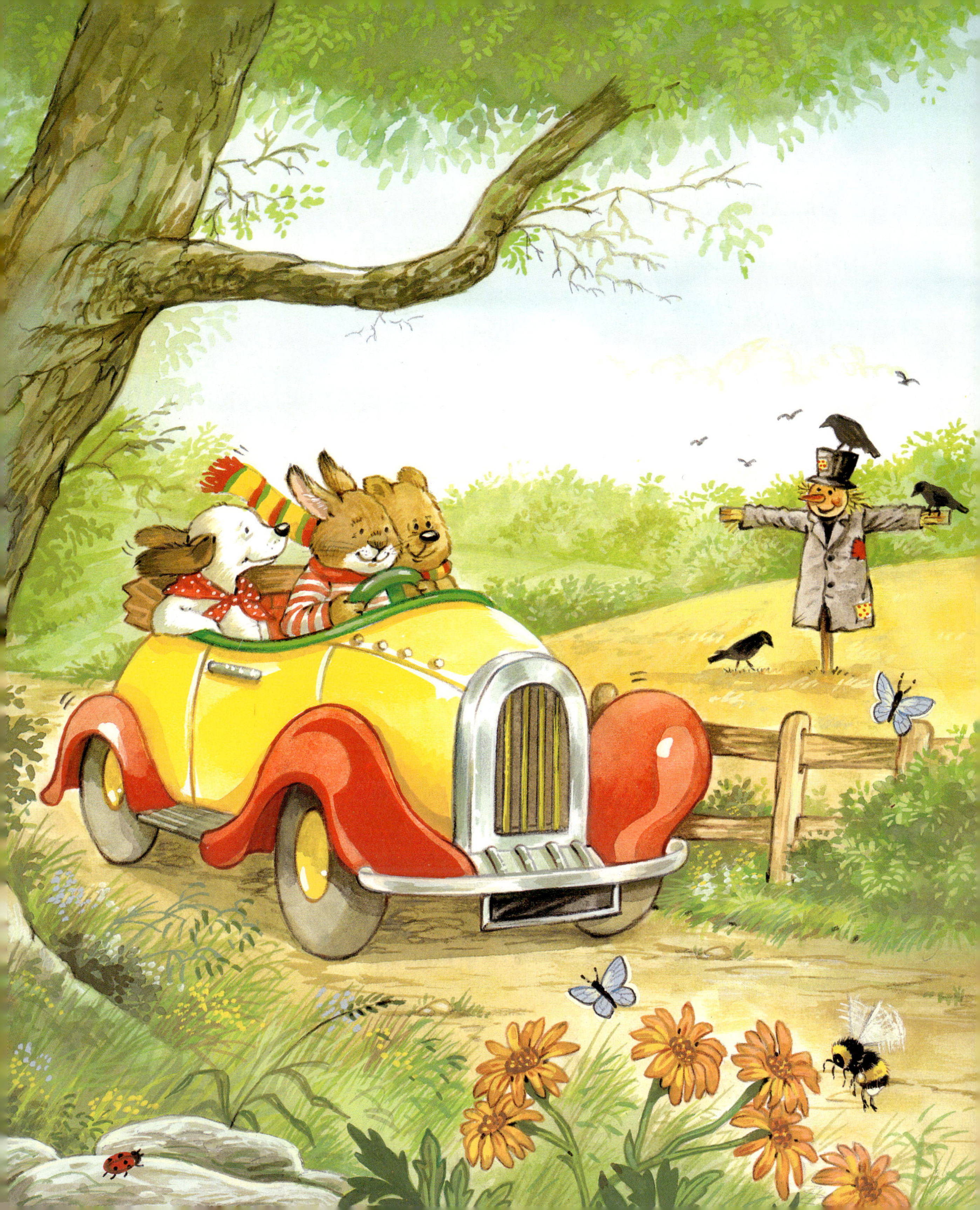

Auf, zum Teich!

Das Auto kommt zum Ententeich. Töff, töff, töff! hupt Tapsi. Das macht den Küken immer solchen Spaß. Schon kommen sie gerannt: Kiki mit der Schirmmütze, Willi mit der grünen Mütze und Puffi mit der rosa Mütze.
Ente Schnatterine plaudert mit Quaxi Frosch und Mole Maulwurf. Schlappohr ruft ihnen zu:
„Was habt ihr vor?"
„Wir wollen in den Zirkus gehen. Kommt ihr mit?"
„Klar, kommen wir mit", sagt Puschel.
„Steigt zu uns ins Auto."
Im Nu sind Kiki, Willi und Puffi auf dem Rücksitz.

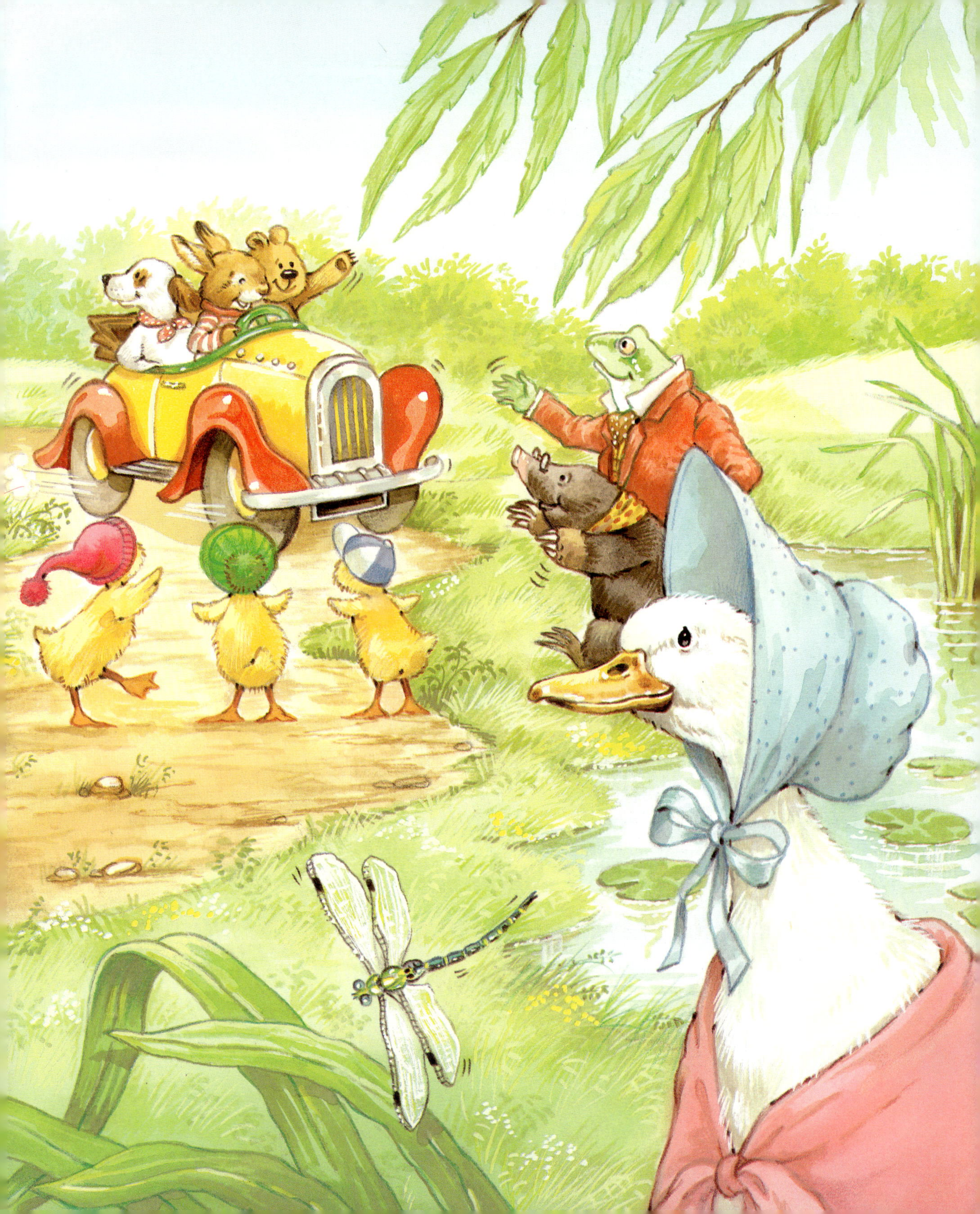

Tapsi und die Löwen

Bald darauf sitzen die Freunde auf ihren Plätzen im Zirkus.
Die Vorstellung beginnt. Alle sind ganz Auge und Ohr.
"Oh, die Löwen kommen!" flüstert Puschel. "Hat er wohl Angst?" denkt Schlappohr. Er legt seinen Arm um Puschel.
Zuerst laufen die Löwen durch die Manege. Dann machen sie viele Kunststücke. Die Zuschauer klatschen Beifall. Maunzi ruft: "Bravo!"
Da sagt Tapsi plötzlich:
"Solche Kunststücke kann ich auch."
Und schon steigt er in die Manege.
Seine Freunde machen große Augen.

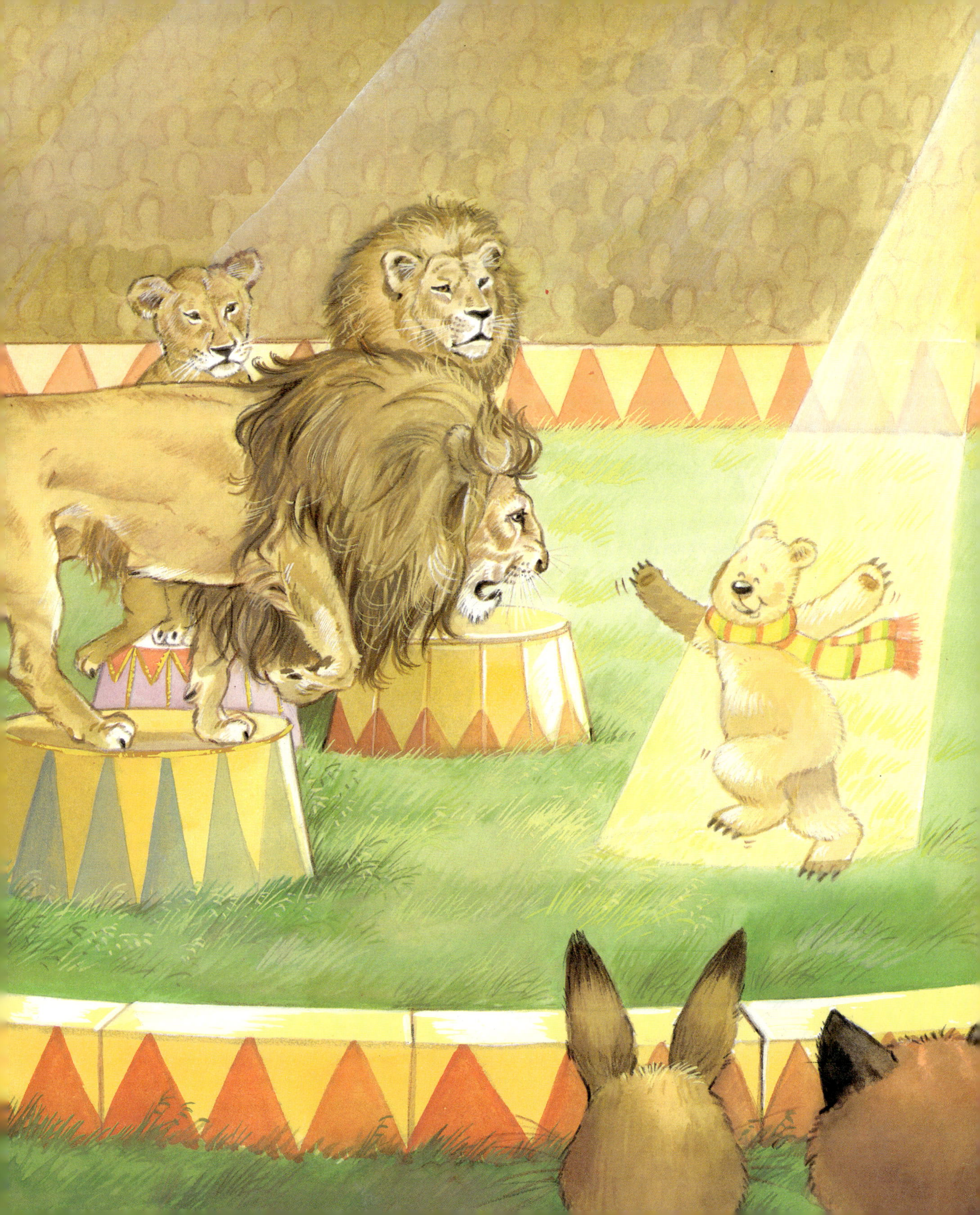

Auch die Löwen blicken verwundert drein. "Was sucht denn ein Bär in unserer Nummer?" fragen sie sich. Und dann sehen alle Löwen Tapsi böse an. Ja, sie schlagen sogar mit ihren Pranken nach ihm. "Mach, daß du fortkommst!" brüllt ein Löwe.
Jetzt bekommt Tapsi Angst. Er läuft davon. Dabei stolpert er über seine eigenen Beine und fällt hin. "Hahaha!" lachen die Zuschauer. Sie finden das Programm sehr lustig. Schnatterine aber ruft voller Angst: "Tapsi, komm her!"
Da setzt er sich wieder brav auf seinen Platz.

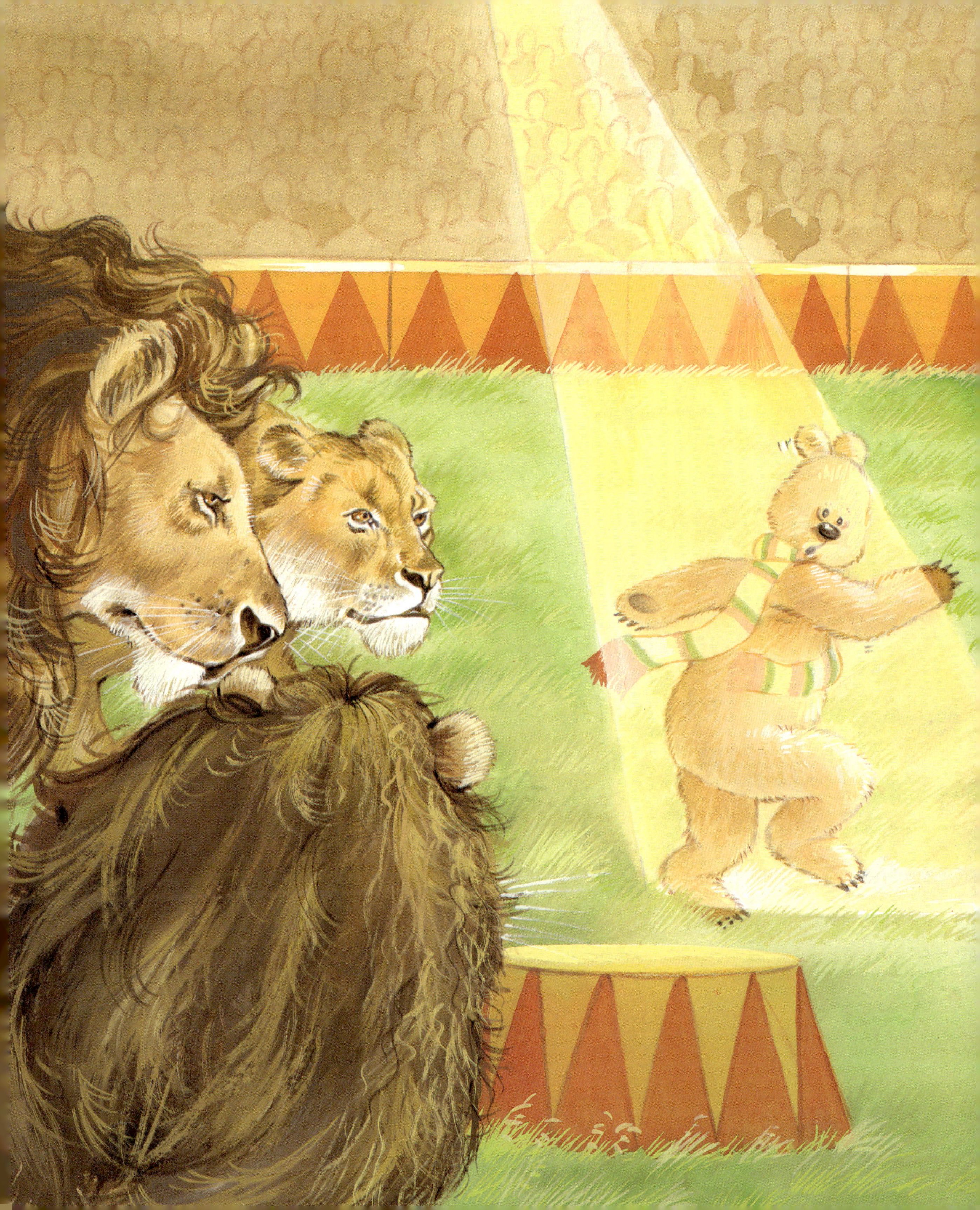

Oh, diese Seehunde!

Nach den Löwen kommen die Seehunde.
„Was so ein Seehund alles kann!"
staunt Mole Maulwurf.
Dann folgt die Nummer mit dem
großen, blauen Ball. Jeder Seehund
läßt den Ball auf der Nase tanzen.
„Seht nur, wie geschickt!" ruft
Puschel. „Das kann ich auch!"
sagt Tapsi plötzlich und springt
auf. Wieder geht er in die Manege.
Dort erwischt er den blauen Ball.
Er läßt ihn auf seiner Nase tanzen.
„Bravo!" schreit Kiki.
Puffi und Willi klatschen in
die Hände.

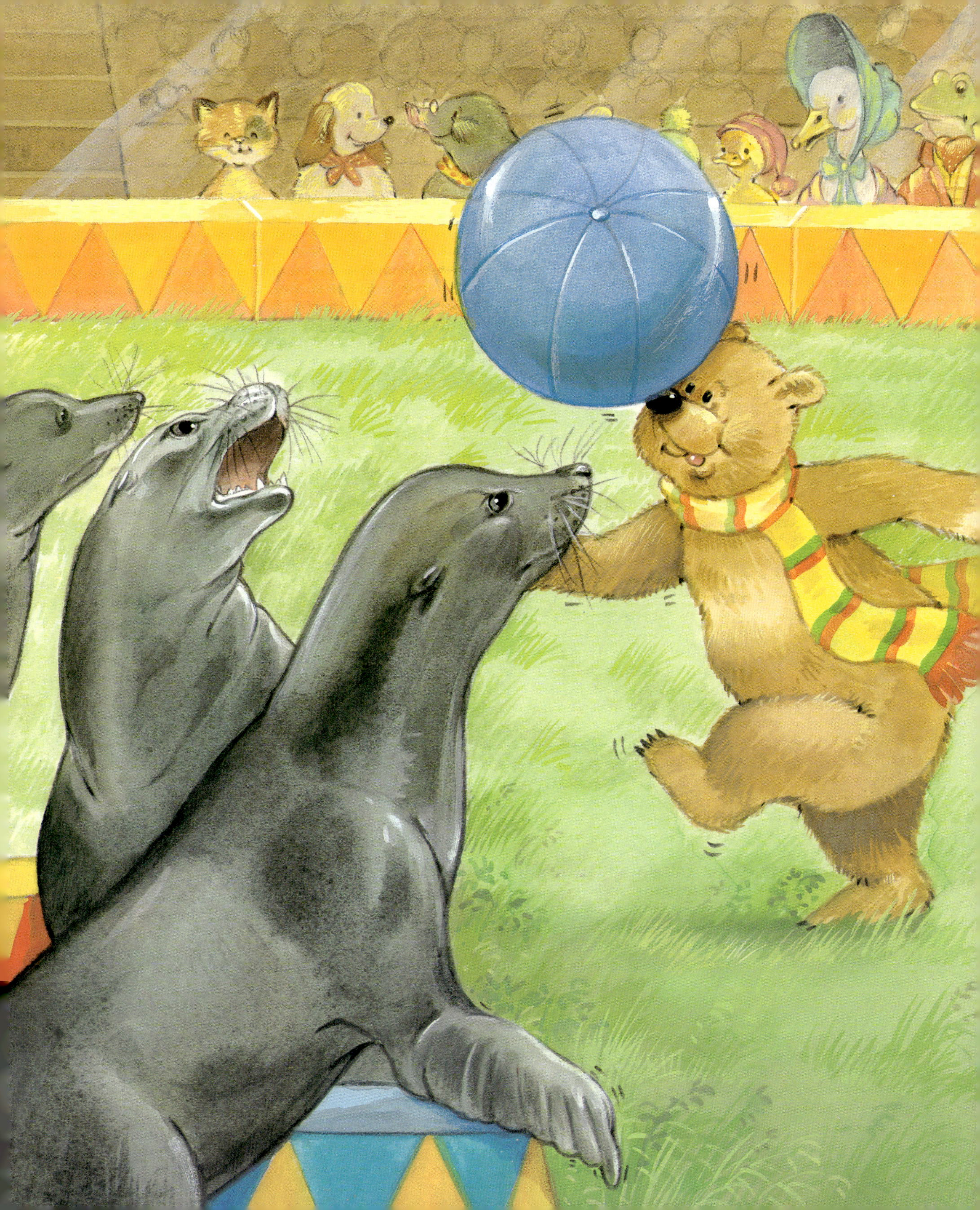

Die Seehunde sind aber gar nicht
froh. „Was suchst du denn hier?"
faucht einer. „Gib sofort den Ball
zurück!"
Tapsi hört das nicht. Er muß
auf den Ball achtgeben. Denn er
steht mitten im Licht, und alle
schauen ihm zu.
Quaxi ruft: „Bravo, Tapsi!"
Ein Seehund trifft Tapsi mit einem
Fisch. Gleich kommt noch ein Fisch
geflogen, dann wieder einer...
Tapsi ruft ärgerlich: „Aufhören!"
Die Zuschauer lachen und klatschen.
„Puh, sind die Fische naß und kalt!"
ruft Tapsi. Dann flüchtet er aus
der Manege.

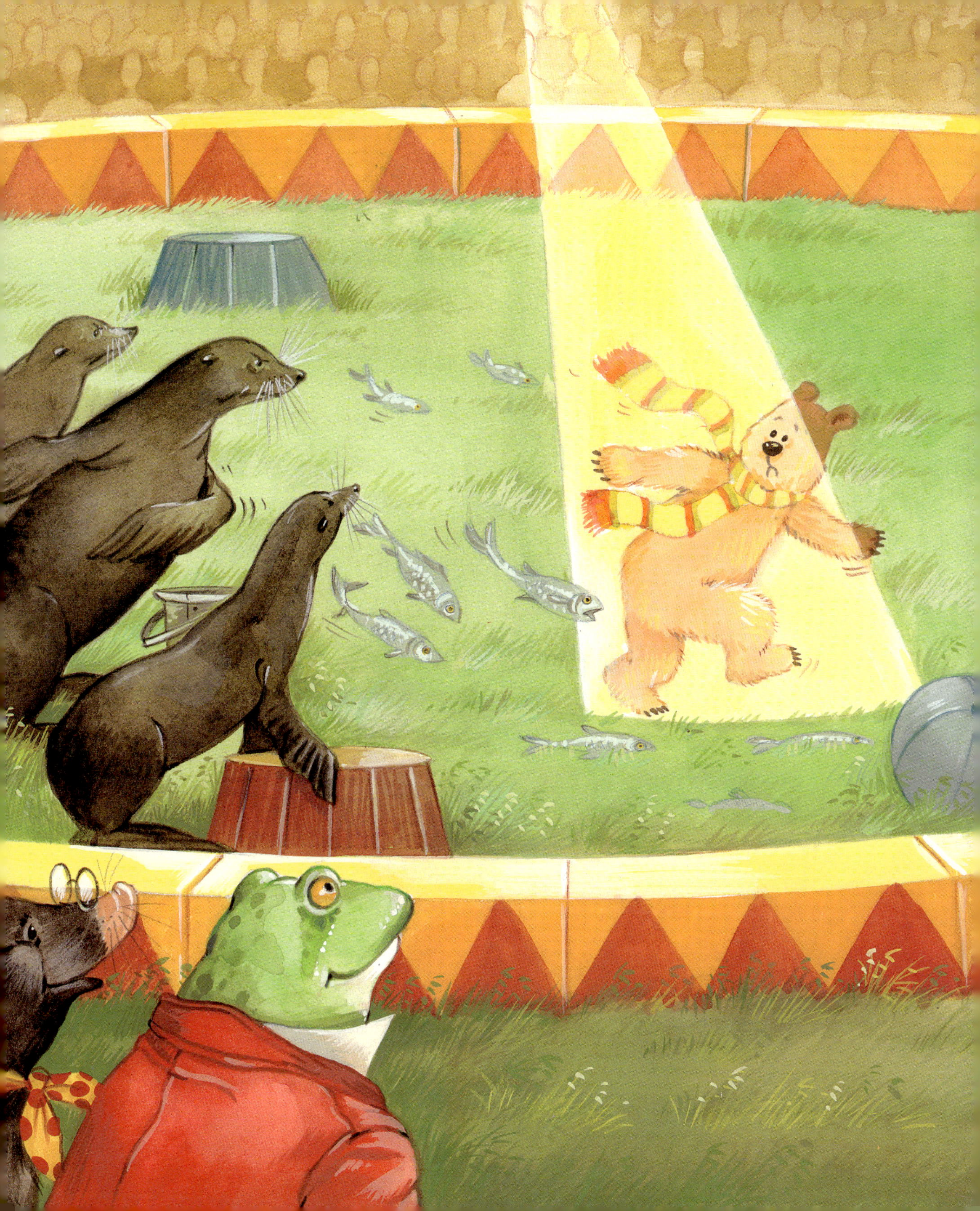

Die Elefanten

Nach den Seehunden kommen die Elefanten. Stapf, stapf, stapf! Ganz langsam setzen sie ein Bein vor das andere.

„Die sehen wie Berge aus", sagt Kiki. „Ja, wie mausgraue Berge", lacht Puffi. „Nein, wie eine mausgraue Kette!" behauptet Willi.

„Pst! Ruhe!" flüstert Schlappohr.

„Warum?" fragt Kiki gleich.

„Dürfen die Elefanten das nicht hören?"

„Ich finde die Elefanten-Kette sehr lustig!" sagt Tapsi. „Aber sie müßte länger sein!"

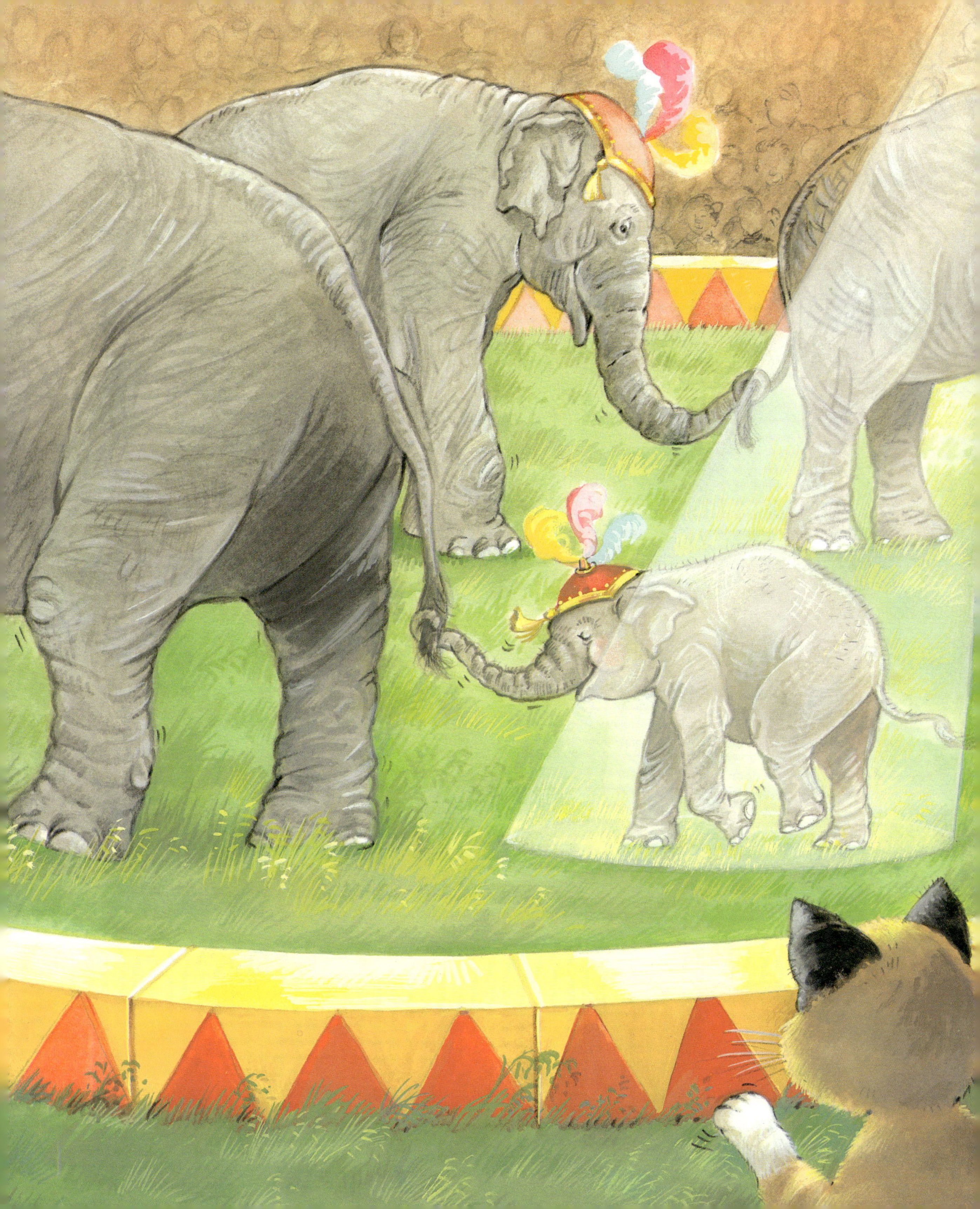

Und schon steigt Tapsi wieder in
die Manege.
Er läuft zum kleinen Elefanten
und faßt ihn am Schwanz.
Aber das läßt sich der kleine
Elefant nicht gefallen. Klatsch,
klatsch! Blitzschnell schlägt er
mit seinem Rüssel zu. Das kommt
für Tapsi ganz unerwartet.
Plumps! – sitzt er auf dem Boden
und macht ein dummes Gesicht.
Alle Zuschauer lachen.
„Bravo! Bravo!" rufen sie und
klatschen Beifall.

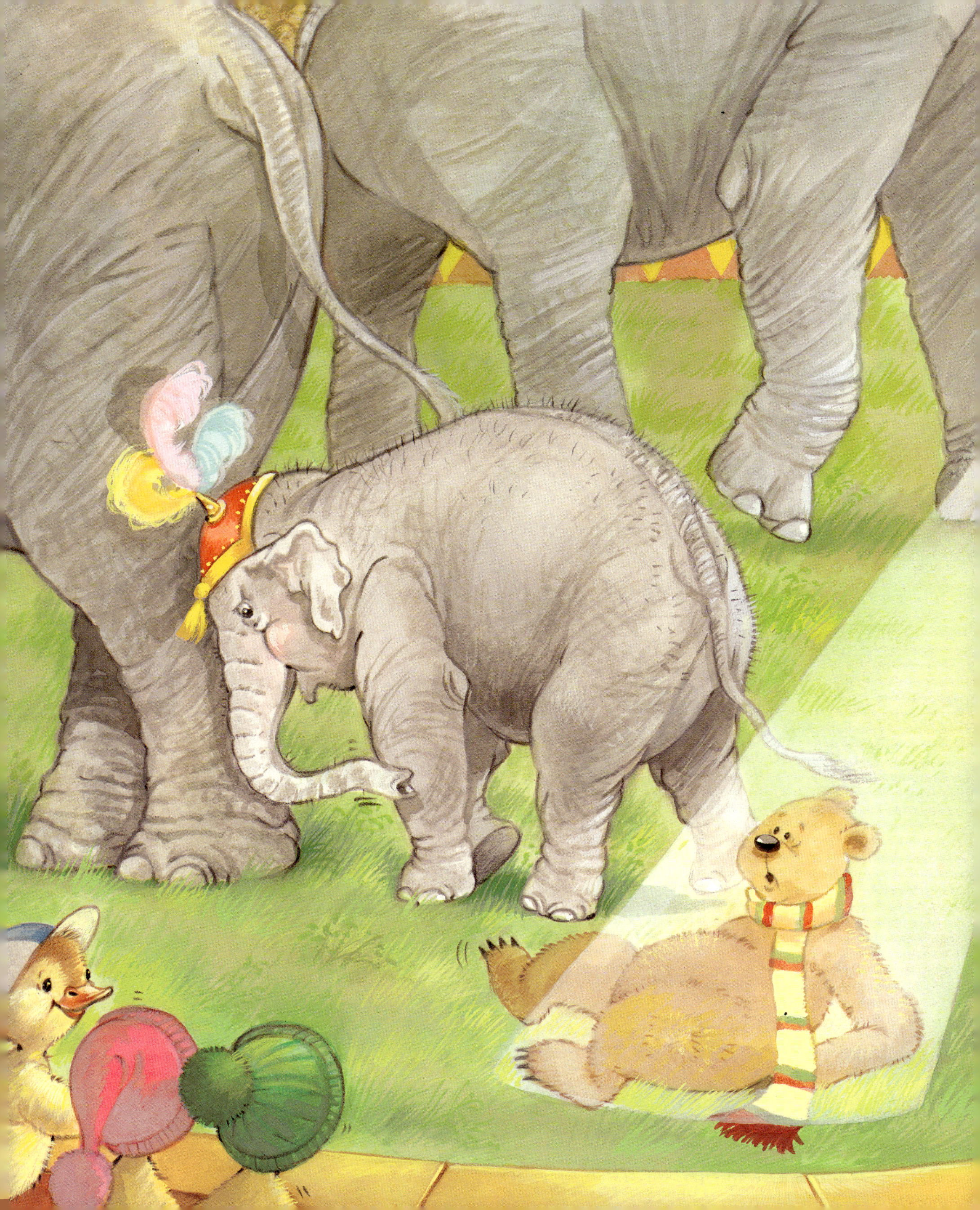

Hahaha!

Jetzt wird es lustig! Die Clowns laufen und stolpern in die Manege.
„Hahaha!" fangen die Zuschauer schon zu lachen an.
Die Clowns sehen aber auch wirklich lustig aus: riesige Schuhe, kleine Hüte, komische Kleider!
„Ist das wohl ihre echte Nase?" will Quaxi wissen.
Die Clowns treiben ihre Späße. Dauernd stolpern und fallen sie über ihre eigenen Füße.
„Ihre großen Schuhe sind schuld daran", erklärt Schnatterine.
„Clowns müssen sehr geschickt sein."

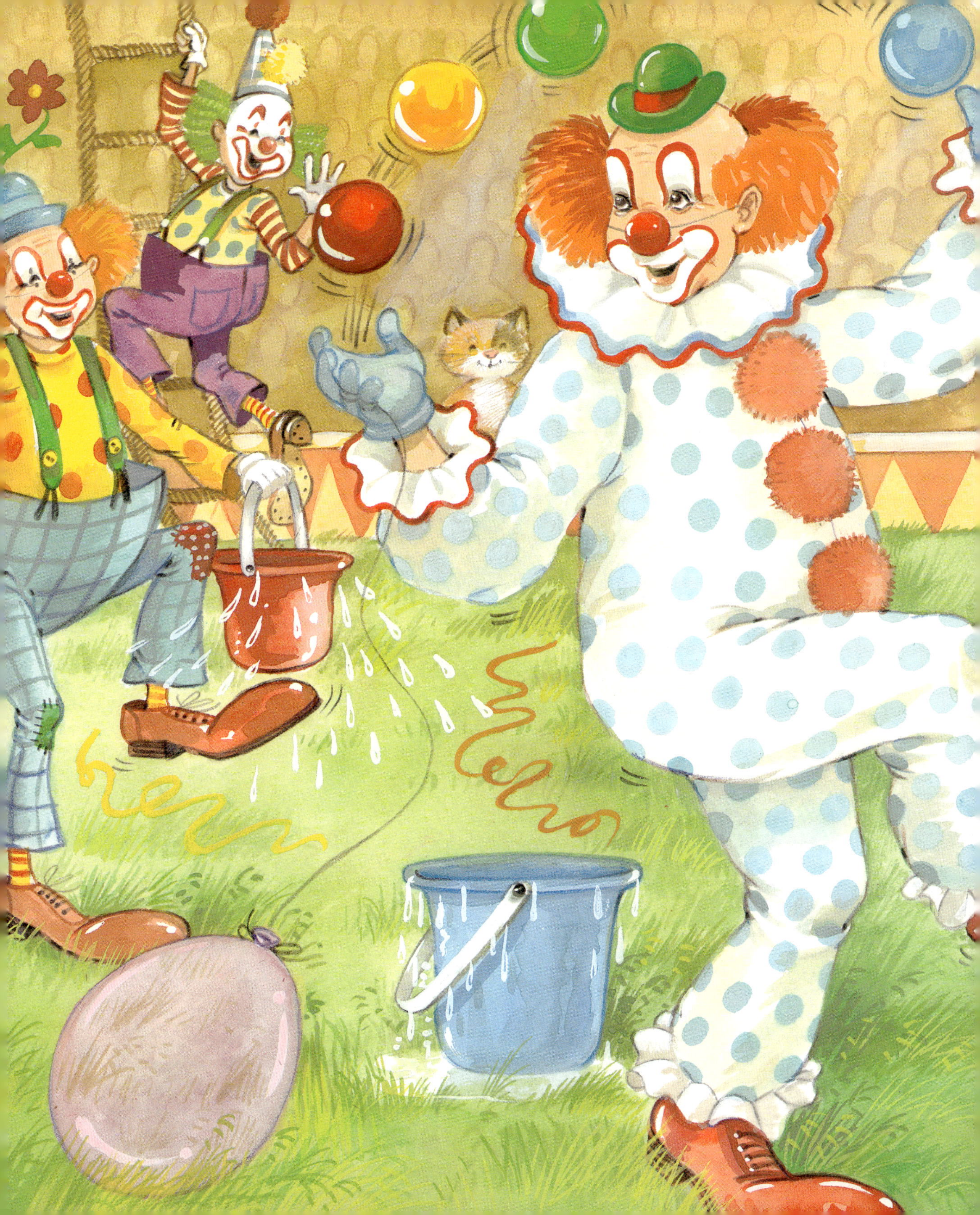

Tapsi als Clown

„Ich bin auch geschickt", behauptet
Tapsi. Er geht zu den Clowns in
die Manege.
Sofort ruft der Clown mit dem blauen
Hut: „Hier stelle ich euch einen
neuen Clown vor: Tapsi Bär!"
Zuerst bekommt Tapsi große Schuhe,
dann einen lustigen, blauen Hut
und natürlich eine Pappnase!
„Los, Tapsi! Zeig, was du kannst!"
ruft Schlappohr.
Tapsi lacht vor Glück. Er steht da
und lacht. Mehr nicht. Die Zuschauer
wollen auch lachen.
„Zeig mal deine Kunststücke!" ruft
Mole Maulwurf.

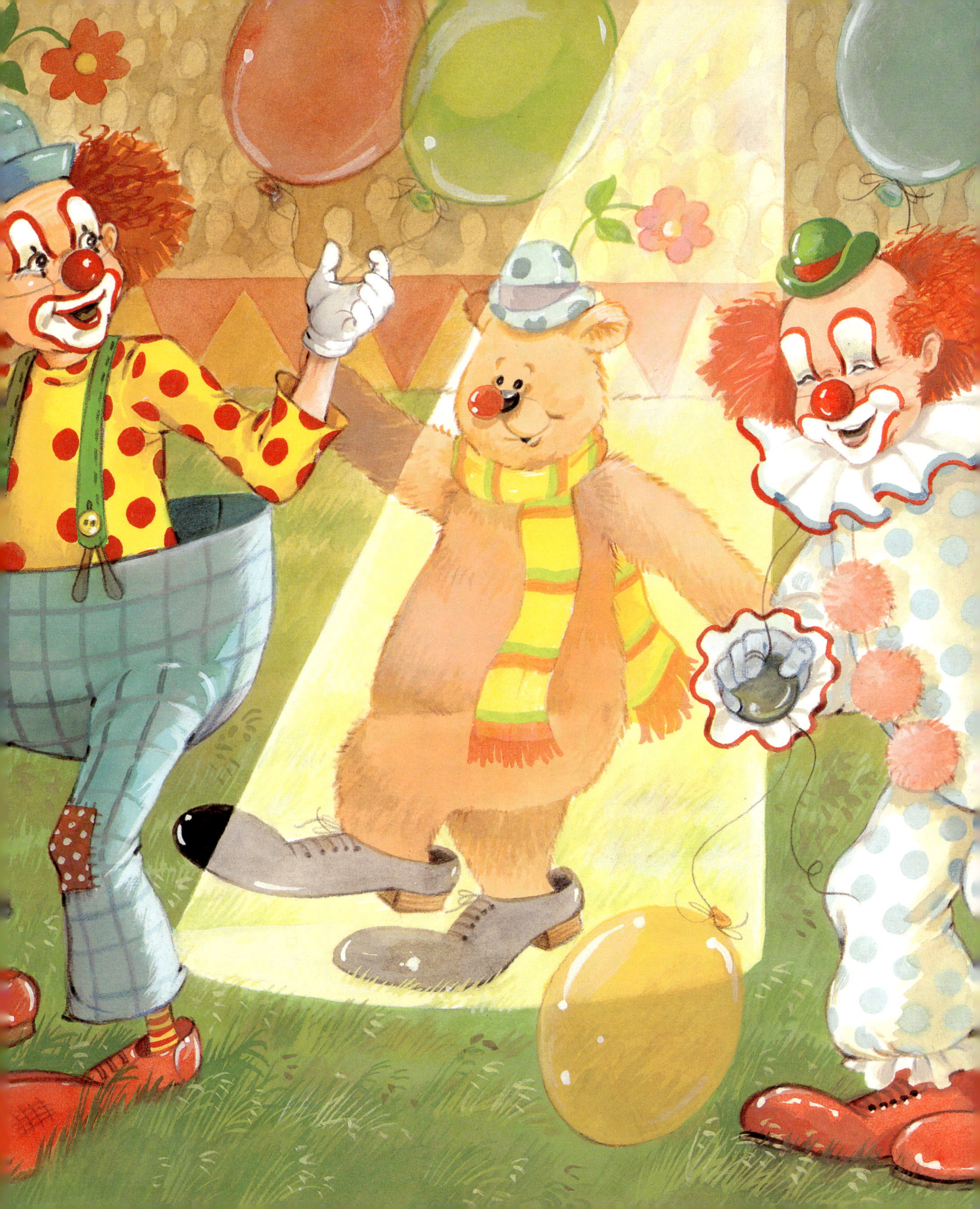

Die Clowns geben Tapsi zwei Eimer.
In einem Eimer ist Wasser. Und
im anderen? Kleister.
Tapsi will nach einem Ballon
greifen. Da stolpert er über die
großen Schuhe und setzt sich –
platsch! – in den Wassereimer.
Brrr, wie naß! Tapsi steht schnell
auf, stolpert wieder, und …schon
sitzt er in dem Eimer mit Kleister.
„Igitt! Ist das klebrig!"
Tapsi schüttelt sich. Wasser und
Kleister spritzt durch die Gegend.
Jetzt hat Tapsi nichts mehr zu
lachen. Aber dafür die Zuschauer!
Begeistert klatschen sie Beifall.

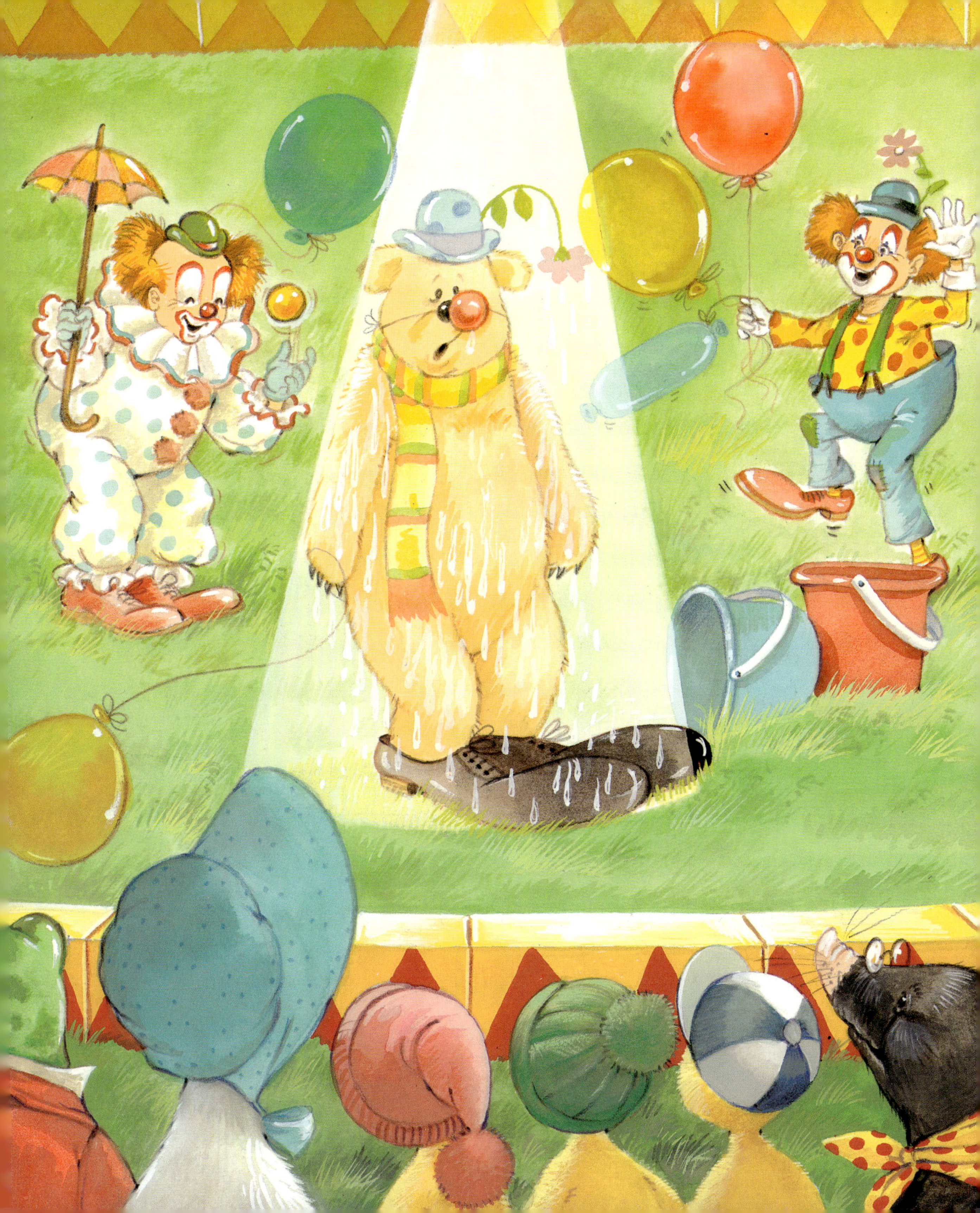

Zirkus, ade!

Die Vorstellung ist aus. Die Clowns sagen zu Tapsi: „Bleib doch bei uns! Du kannst als Clown arbeiten."
„Tu es nicht!" bettelt Kiki.
„Überleg es dir gut!" sagt auch Schnatterine.
Tapsi ist ganz klebrig und naß.
Wie ein armer Tropf steht er da!
Er schaut die Clowns an und schüttelt den Kopf. „Ein Clown zu sein ist nicht leicht!" sagt er dann.
„O nein, es ist sogar recht schwer!"
Er nimmt Kiki an der Hand und fragt: „Gehen wir?"
Da lachen seine Freunde und meinen: „Tapsi, das war mal ein Nachmittag!"

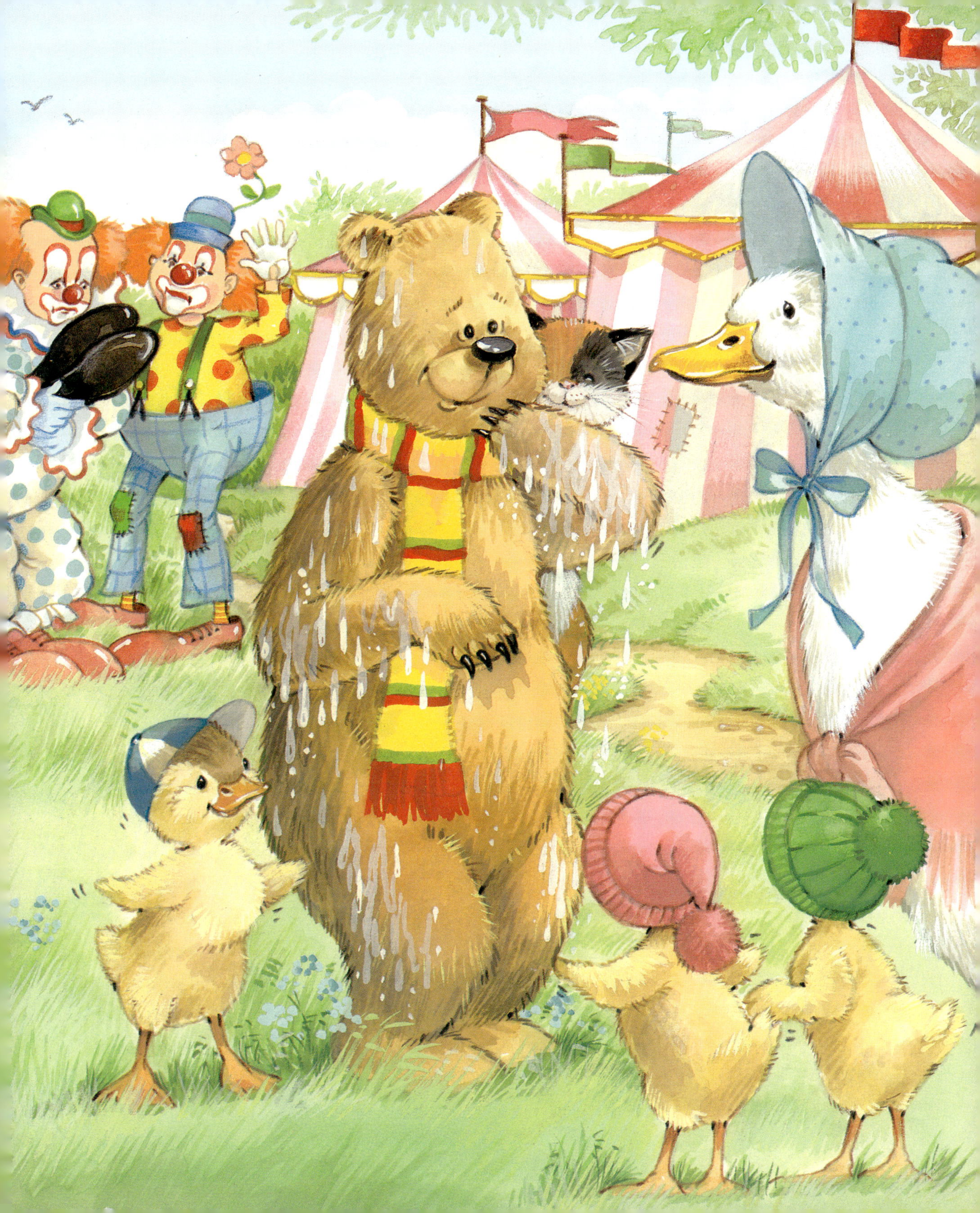

Erkennst du diese Wörter? Lies sie noch einmal! Suche sie dann im Buch!

Nachmittag	geschickt
hupt	tanzen
Zuschauer	klebrig
flüstert	unterwegs
Eimer	aufhören
sitzt	bekommt
Glück	langsam